CQ 놀이북
더하고 싶은 세계를 빛낸 위인들

초판 1쇄 인쇄 2023년 3월 10일
초판 1쇄 발행 2023년 3월 15일

글 조아라
그림 수아
펴낸곳 M&K
펴낸이 구모니카
마케팅 신진섭
등록 제7-292호 2005년 1월 13일
주소 경기도 고양시 일산서구 고양대로 255번길 45, 903동 1503호(대화동, 대화마을)
전화 02-323-4610
팩스 0303-3130-4610
E-mail sjs4948@hanmail.net
Tistory https://mnkids.tistory.com

ISBN 979-11-91527-51-3 73900

※ 출처 위키백과(https://ko.wikipedia.org/)

더하고 싶은
세계를 빛낸
위인들

조아라 글 | 수아 그림

목차

1교시 과학
① 전류 전쟁의 승리자 **니콜라 테슬라** … 8
② 과학의 대중화에 앞장선 **칼 세이건** … 14
③ 유레카! 부력의 원리를 발견한 **아르키메데스** … 20
④ X선 발견으로 최초의 노벨 물리학상을 받은 **빌헬름 뢴트겐** … 26

2교시 체육
⑤ 흑인 최초로 메이저 리그에 진출한 야구 선수 **재키 로빈슨** … 32
⑥ 미국 역사상 가장 위대한 운동선수 **마이클 조던** … 38
⑦ 미국 프로 야구의 홈런 시대를 연 **베이브 루스** … 44
⑧ 맨발의 왕자 **아베베 비킬라** … 50

3교시 예술

⑨ 할리우드 블록버스터를 만든 **스티븐 스필버그** … 56
⑩ 현대 무용의 선구자 **이사도라 덩컨** … 62
⑪ 진정한 '나'를 찾아 방황했던 **헤르만 헤세** … 68
⑫ 미국의 팝 아트를 대표하는 **앤디 워홀** … 74

4교시 도덕

⑬ 최초의 도덕 선생님인 **소크라테스** … 80
⑭ 철저한 자기 관리의 신 **임마누엘 칸트** … 86
⑮ 전설의 혁명가 **체 게바라** … 92
⑯ 철의 여인 **마거릿 대처** … 98

5교시 경제

⑰ 페이스북으로 세계를 연결한 **마크 저커버그** … 104
⑱ 현대 저널리즘의 개척자 **조지프 퓰리처** … 110
⑲ 경영의 달인 **잭 웰치** … 116
⑳ 레고 나라의 대통령 **올레 키르크 크리스티안센** … 122

작가의 말

저는 어릴 때 위인전이 재미없었어요. 역사에 남을 만한 대단한 일을 해낸 위인들은 평범하기 짝이 없는 저와 거리가 멀어도 너무 멀었으니까요. 그냥 외계인처럼 느껴졌거든요. 하지만 어른이 되어서 다시 위인전을 읽어보니 그들이 이룬 업적보다는 그 업적을 이루기까지 얼마나 참고 이겨내었는지가 눈에 들어왔어요. 아무리 대단한 천재라 할지라도 어려움을 겪어보지 않은 위인은 없더군요.

이 책을 읽는 여러분도 위대한 사람들의 위대한 업적보다 그 사람들이 자신의 뜻을 이루기까지 어떤 마음으로 버티었는지를 한번 생각해 보았으면 좋겠어요. 힘든 일이 생겼을 때 어떻게 이겨내야 하는지 힌트가 될 테니까요.

사람들은 각자 자신의 잣대로 사람을 평가해요. 아무리 위대한 사람이라 하더라도 100% 좋은 점만 있는 것은 아니지요.

　이 책에서 소개하는 스무 명의 사람들에게도 분명 좋지 않은 점은 있을 거예요. 하지만 분명한 건 세상을 깜짝 놀라게 할 만한 일을 해내었다는 것이랍니다. 그 놀라운 일을 어떻게 해냈는지, 그 과정이 얼마나 어려웠는지를 짐작해보며 읽으면 더 좋겠어요.

　아시죠? 다음 장의 주인공은 바로 여러분이라는 것!

과학

① 전류 전쟁의 승리자
니콜라 테슬라

시기	1856년~1943년
나라	미국
직업	전기공학자, 과학자, 발명가

다 내 거야!

나 에디슨

여러분은 '전기'하면 가장 먼저 누가 떠오르나요? 에디슨이라고요? 엄밀히 말하자면 에디슨은 전기를 발명한 사람이 아니에요. 발명왕 에디슨에 가려져 있던 진짜 발명왕이 있었으니 바로 니콜라 테슬라랍니다. 테슬라는 특허권을 얻는 것보다 자신의 아이디어가 실현되는 것을 더 중요하게 생각한 발명가였어요.

다섯 살부터 발명을 할 정도로 발명에 뛰어난 재능을 보이던 그는

미국으로 건너가 에디슨의 연구소에서 일하게 되었지요. 이미 발명왕으로 인정받고 있던 에디슨도 테슬라의 능력을 알아보았어요.

직류만을 고집하던 에디슨과 달리 테슬라는 교류에 대한 연구를 멈추지 않았어요. 결국 에디슨을 떠난 테슬라는 자신의 이름을 딴 '테슬라 전기회사'를 만들어 교류 관련 장치들을 팔기 시작했고, 에디슨과 함께 그 유명한 '전류 전쟁'을 벌이게 된 것이에요.

에디슨은 교류의 위험성을 부풀리며 테슬라를 비난했지만, 결국 전류 전쟁의 승리자는 테슬라가 되었어요. 교류로 인해 공장에서 저렴한 가격으로 전력을 활용할 수 있게 되었고, 이것이 대량 생산 체제로 이어졌어요.

테슬라는 25개국에서 272개 특허를 획득한 세기의 발명가예요. 하지만 엄청난 수익으로 편안하게 사는 대신, 연구소를 차려 평생 자신만의 연구에 몰두한 진정한 과학자이자 발명가였답니다.

더 알아보기

 직류와 교류의 구분법

직류

 직류란 영어로 DC (Direct current)라고 쓰며, 전류의 세기와 방향이 일정하게 흐르는 전기입니다.

 직류는 원리가 단순하여, 만드는 것도 단순하고 전자제품을 손상 없이 쓸 수 있게 해주어요. 또한 저장도 쉽고 휴대가 편리한 장점을 가지고 있지요. 하지만 많은 용량의 전기를 사용할 수 없고 전압의 변경도 어려운 편이에요.

 현재 직류는 전화, 시계, 전자회로 등과 같이 일반적으로 배터리가 들어가는 곳에 직류 전원을 사용하고 있어요.

교류

 교류란 영어로 AC (Alternating current)라고 쓰며, 전류의 세기와 방향과의 세기가 끊임없이 일정한 간격으로 변화하면서 생산되는 전기입니다.

 교류는 전기를 보내는 과정에서 잃는 전력이 직류보다 적어요. 손쉽게 높은 전압으로 만들 수 있어서 직류보다 전류를 멀리 보낼 수 있답니다.

 교류는 우리가 생활하는 가정이나 학교에서 사용하기 알맞아 보통 아파트, 빌딩 등에서 사용하고 있어요.

에디슨과 테슬라의 '전류 전쟁'

에디슨과 테슬라의 '전류 전쟁'

  1878년, 에디슨은 전등 회사를 세워 최초의 전력사업을 시작했어요. 이때 에디슨이 사용한 전력 공급 방식은 직류였어요. 110볼트의 낮은 전압으로는 먼 거리까지 전력을 보내는 데에 에너지 손실이 컸지요.

  직류보다 나은 방법을 찾던 테슬라는 연구 끝에 개선된 성능의 교류 모터를 만들어냈답니다. 더 싸고 편리하게 멀리까지 전기를 보낼 수 있는 교류를 선보이자 전력 시스템의 표준을 직류로 할지 교류로 할지에 대한 경쟁이 불붙었어요.

  에디슨은 위기를 돌파하기 위해 갖은 수단과 방법을 동원해 '교류는 좋지 않다'라는 비윤리적인 행동도 했지만 결국, 테슬라의 교류 전기는 안전하면서도 경제적으로 이익이라는 사실이 알려지게 되었어요.

  이후 미국에서 제작된 모든 전기 장비 대부분은 교류를 사용하게 되었지요.

❷ 과학의 대중화에 앞장선
칼 세이건

시기	1934년~1996년
나라	미국
직업	천문학자, 과학 저술가

과학

과학을 좋아하던 소년 칼 세이건은 화성을 무대로 한 책을 읽으며 외계 생명체에 대한 상상에 빠지곤 했어요. 언젠가 로켓을 이용하여 우주여행을 할 수 있을 거라는 기대를 하면서 말이죠.

대학에서 천문학과 천체 물리학 박사를 딴 그는 금성 탐사선 계획에 참여하고 아폴로 11호가 발사하는 데에도 관여했어요. 인류 최초로 태양계를 벗어난 우주선 파이어니어 10호와 11호 계획에 참여하면서 외계로 보내는 인류의 메시지를 담은 알루미늄판을 만들자는 제

안도 했지요. 이 판에는 인간 남녀의 모습과 태양계에서 지구의 위치 등을 가리키는 그림이 그려져 있어요.

　세이건은 과학 다큐멘터리를 제작해 세계 방송 역사상 가장 높은 시청률을 기록하였어요. '코스모스'라는 방송에서 그는 보이저 호의 목성 사진 같은 최신 자료와 다양한 세트를 이용하여 우주와 인간에 관한 흥미로운 이야기를 보여 주었어요. 똑같은 제목의 과학책도 곧이어 출판해서 베스트셀러가 되었지요. 이 책은 수십 년이 지난 지금까지도 꾸준한 인기를 얻고 있어요.

　세이건은 과학자로서도 많은 업적을 남겼는데 금성의 온실효과, 화성의 계절 변화 등에 관한 연구가 대표적이랍니다. 어렵게만 느껴지던 과학을 일반 대중에게 친숙하게 만든 세이건은 과학적이고 합리적인 사고의 중요성을 강조했답니다.

더 알아보기

📢 칼 세이건의 명저 '코스모스'

　우주를 뜻하는 영어에는 세 가지가 있어요. 공간적인 우주인 스페이스(space)와 천문학적인 연구대상이 포함된 우주인 유니버스(universe), 그리고 주관적이고 조화로운 우주를 뜻하는 코스모스(cosmos)예요. 그래서 코스모스라는 제목의 이 책은 단순히 우주의 천체를 소개하는데 그치지 않고 온 우주 만물의 질서와 그 안에서 깨닫는 깊은 의미를 담고 있답니다.

　칼 세이건은 새로운 것을 배우는 데 관심이 있는 모든 사람들에게 과학을 알기 쉽게 설명하기 위해서 이 책을 썼대요. 코스모스는 무려 70주 동안이나 뉴욕 타임스 베스트셀러 목록에 올라가 있었고, 현재를 기준으로 해도 세계에서 가장 많이 팔린 과학 서적이랍니다.

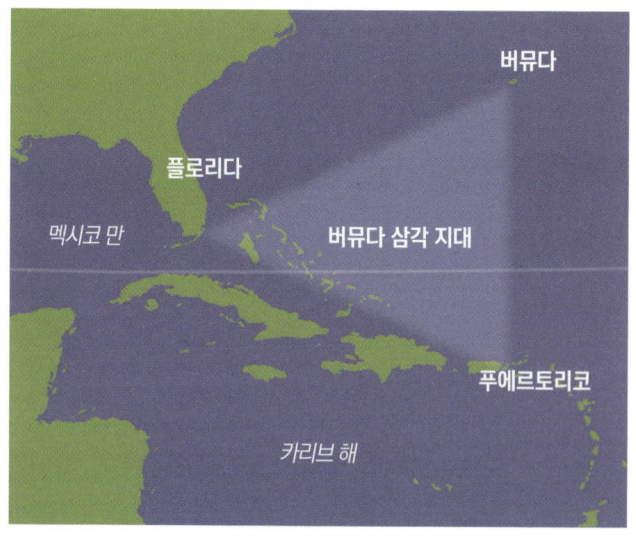

현대의 미신 'UFO'와 '버뮤다 삼각 지대'에 대한 칼 세이건의 설명

칼 세이건은 UFO 관련 기록을 직접 검토하고 분석한 결과, 상당수가 목격자의 착각에서 비롯되었으며 과학적으로 설명 가능한 현상이라고 했어요. 미확인비행물체(UFO)도 그 존재 자체는 인정하지만, 그것의 정체가 외계인이 타고 온 우주선이라는 이론에는 의심을 하였지요. 외계인의 존재를 입증할 수 있는 제대로 된 증거가 이제까지 단 하나도 없다는 점을 들며 UFO가 현대의 미신과도 같다고 말했어요.

지난 500년간 버뮤다 삼각 지대에서 일어난 선박과 항공기 실종 사고는 수백 건에 이르지만, 그 원인이 명확히 밝혀지지 않아 미스터리 실종 사건으로 기록되어 왔어요. 그러나 칼 세이건은 이곳의 평균 비행기 및 선박 통행량을 고려해 볼 때 그곳의 사고율은 평균 수준이라고 말했어요. 만약 지상에서 그와 유사한 사고율을 보이는 지역이 있었다면 아무도 신경 쓰지 않았겠지만, 바다에서는 사고가 난 비행기나 배가 아래로 가라앉아 눈에 보이지 않기 때문에 공연한 상상력이 발동되었다는 것이 그의 지적이지요.

> **버뮤다 삼각 지대**
> 미국 남부에 위치한 플로리다 해협과 버뮤다섬, 푸에르토리코(혹은 아조레스 제도)를 잇는 삼각형 범위 안의 해역

③ 유레카! 부력의 원리를 발견한
아르키메데스

시기	B.C. 287년(추정)~B.C. 212년(추정)
나라	고대 그리스
직업	수학자, 물리학자

과학

　과학자인 아르키메데스는 왕에게서 왕관이 순금인지를 확인하라는 명령을 받았어요. 처음에는 왕관의 무게를 재어 보았는데 순금과 질량이 같았어요. 부피를 재어보려고 했지만 왕관의 모양이 복잡하다 보니 부피를 잴 방법을 찾기 어려웠어요.
　한참을 고민하던 그는 목욕을 하면서 물이 넘치는 것을 보고 뜨는 힘인 부력의 원리를 깨달았어요. 물이 가득 찬 통에 물체를 넣었을

때, 흘러넘친 물의 부피가 그 물체의 부피와 같다는 것이지요. 이 부력의 원리로 인해 훗날 사람들은 무거운 배를 물에 띄우고 비행기로 하늘을 날 수 있게 된 것이랍니다.

만들기를 좋아하던 아르키메데스는 물을 퍼 올릴 때 쓰는 양수기를 만들었어요. 이것은 2300년이 지난 지금까지도 아르키메데스의 나선식 펌프라는 이름으로 쓰이고 있어요. 또한 지렛대의 반비례 법칙을 이용하여 전쟁에 필요한 투석기, 기중기 등 지렛대를 응용한 신형 무기들을 만들어 전쟁을 승리로 이끌기도 하였어요.

그가 외쳤던 "유레카"라는 말은 무엇인가를 새롭게 알아냈다는 뜻이에요. 목욕탕에서 옷도 제대로 입지 않고 뛰어나가며 '유레카'를 외칠 만큼 아르키메데스는 학문에 대한 열정이 대단했어요.

그가 훌륭한 발명을 많이 할 수 있었던 것도 학문의 기쁨을 아는 사람이었기 때문이랍니다.

📢 지렛대의 원리

지렛대는 고정되어 있는 받침점, 실제 힘을 작용하는 힘점, 물체에 힘이 작용하는 작용점으로 구성돼요. 받침점을 기준으로 하여, 받침점과 힘점 사이의 거리와 받침점과 작용점 사이 거리의 관계에 따라 더 큰 힘을 내거나 물체를 멀리 움직일 수 있어요.

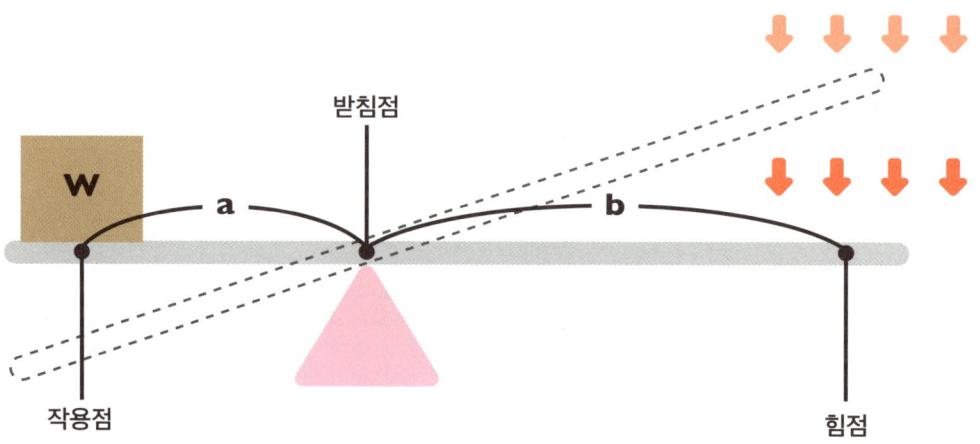

📢 생활 속 부력 이야기

　부력은 물체가 물이나 공기 중에서 뜰 수 있게 해 주는 힘을 말해요. 부력은 중력과 반대 방향으로 작용하는데 부력이 중력보다 크면 뜨고, 작으면 가라앉아요. 배가 뜨는 이유는 물에 잠기는 부피를 크게 설계해 배의 무게보다 더 큰 부력을 만들었기 때문이에요. 그래서 배가 밑 부분이 어느 정도 이상 물속에 있어야 배가 안전한 것이랍니다. 물속에 있는 부분의 부피가 클수록 부력이 커져요. 헬륨가스를 넣은 풍선이 하늘로 올라가는 것도 공기에 의한 부력이 위로 밀어올리기 때문이에요. 물속에서 무거운 물건을 손쉽게 들 수 있는 것 역시 부력 덕분이랍니다.

부력

④ X선 발견으로 최초의 노벨 물리학상을 받은
빌헬름 뢴트겐

시기	1845년~1923년
나라	독일
직업	천문학자, 과학 저술가

과학

    물리학 교수였던 뢴트겐은 진공관을 이용한 음극선관 실험을 하다가 이상한 빛이 나오는 걸 보았어요. 대부분의 다른 과학자들도 그 빛을 보았지만, 그것을 단순한 실수로 생각하고 넘기곤 했지요. 하지만 이것이 새로운 광선이라고 확신한 뢴트겐은 연구와 실험을 계속했고 마침내 X선을 발견하게 되었어요.

    뢴트겐은 사람의 몸을 통과하는 이 빛을 '알 수 없는 광선'이라는 의미로 X선이라 이름 붙였어요. X선의 발견으로 해부를 하지 않고도 뼈 모습을 확인할 수 있게 되었죠. X선에 의해 우라늄 방사선과 전자도 차례로 발견되며 현대 과학이 시작되었답니다.

뢴트겐은 X선의 발견으로 최초의 노벨 물리학상을 수상했어요. 그는 X선을 발견한 뒤 특허를 내서 막대한 돈을 벌 수 있었어요. 하지만 "X선은 자신이 발명한 것이 아니라 원래 있던 것을 발견한 것에 지나지 않으므로 온 인류가 공유해야 한다."며 특허 신청을 끝

내 거절했어요. 그래서 X선을 이용한 각종 연구들을 통해 인류의 과학 기술이 크게 발전할 수 있었어요. 또한 뢴트겐 덕분에 오늘날 많은 사람들이 여러 가지 목적으로 X선을 널리 사용할 수 있게 되었지요.

더 알아보기

공항에서 X선 촬영을 하는 이유

   비행기 여행을 하려면 공항 안에서 방사선을 이용하는 검색기를 통과해야 해요. 여행자는 금속 탐지기와 엑스선 투과 검색기를 통과해야 하며, 개인 휴대품도 엑스선 투과 검색기를 지나야 하지요.

   엑스선은 플라스틱이나 가죽 같은 부드러운 재료는 통과하지만 칼이나 총기, 기타 무기 및 탄약에 자주 사용되는 무거운 재료에는 흡수되기 때문이에요. 그래서 가방 내부의 물품을 확인하는데 유용하게 쓰이고 있답니다.

▲공항에서 물품 X선 촬영 화면

📢 X선이 위험하다고?

　엑스선은 다양한 용도로 매우 유용하게 쓰이고 있어요. 하지만 우주나 땅속의 광물질, 음식 등에서 나오는 자연 방사선과 달리 사람이 필요해서 만들어 낸 인공 방사선이라 우리 몸에 해로운 물질이 나오지요.
　그렇기에 꼭 필요할 때만 엑스선 촬영을 하는 것이 좋아요. 아무리 적은 양이라도 방사선이 우리 몸에 쌓이면 위험할 수도 있으니까요.

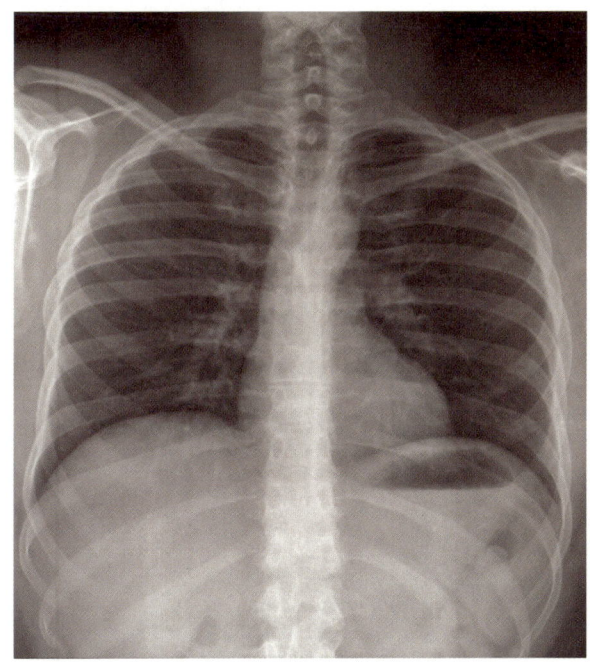

▲우리 몸 X선 촬영

❺ 흑인 최초로 메이저 리그에 진출한 야구 선수
재키 로빈슨

시기	1919년~1972년
나라	미국
직업	야구 선수

체육

무엇이 무엇이 똑같을까?

미국 메이저 리그에서는 4월에 모든 선수가 똑같은 등 번호인 42번을 달고 있어요. 선수와 감독, 코치와 심판까지도 말이에요. 바로 미국 프로 야구 최초의 흑인 선수인 재키 로빈슨을 기념하기 위한 것이랍니다.

그가 프로 야구 선수로 데뷔한 지 50년 되던 해, 모든 구단에서는 영구결번하기로 하고 그의 데뷔 일인 4월 15일이 되면 30개 구단의 모든 선수가 그의 42번 등 번호를 달고 있어요. 그는 내셔널 리그 신인왕에 이어 최우수 선수와 타격왕으로 선정되었고 팀을 월드 시리즈에 6번이나 진출하는 데 크게 공헌한 선수였어요.

1940년대 후반까지만 해도 미국에서는 백인만 야구를 할 수 있었어요. 흑인이 사람 취급도 못 받을 때, 브루클린 다저스 구단주는 실력이 뛰어나지만 흑인이라는 이유로 메이저 리그 선수가 되지 못한 로빈슨을 선수로 뽑았어요.

　상대 팀에서는 경기를 거부했고 같은 팀 선수들조차도 그를 따돌렸지요. 하지만 그는 자신을 모욕하고 무시하는 사람들보다 보이지 않는 곳에서 자신을 응원하고 있는 수많은 흑인들을 보았어요. 자신을 바라보며 꿈을 키우는 수많은 흑인 청소년들의 꿈을 저버리지 않았지요.

　결국 그는 미국 역사에 가장 위대한 프로 야구 선수로, 수많은 유색인 선수들의 길을 열어준 선구자가 되었답니다.

> 더 알아보기

📢 미국의 인종차별

　과거 미국 남부에서는 목화 사업이 발달하면서 일할 사람이 매우 부족했어요. 그러자 농장 주인들은 노예 상인들을 통해 아프리카에서 노예를 데려오기 시작했어요. 마치 동물을 사냥하듯 아프리카의 흑인들을 마구잡이로 끌고 온 것이지요.
　당시 많은 백인들은 흑인들을 야만적인 인종이라 생각해서 노예로 부리는 것을 당연하다고 생각했어요. 같은 인간이라고 생각조차 하지 않았기 때문에 죄책감은 없었지요.

　1865년 남북전쟁이 일어난 뒤 북군이 승리하면서 노예제도는 폐지되었어요. 하지만 여전히 백인들은 흑인들을 노예 취급했답니다. 그 후 법이 제정되어 흑인에게도 투표권을 준다고 했지만 제대로 이루어지지 않았어요.
　수많은 인권운동가들과 사람들의 노력으로 인종차별은 많이 줄어들었지만 아직도 세계 곳곳에서는 보이지 않는 인종 차별이 존재하고 있어요. 인종이 무엇이든 사람은 모두 차별 없이 평등한 존재라는 것을 잊지 말아야 해요.

📢 남북 전쟁

　미국에서, 노예 제도의 폐지를 주장하는 북부와 존속을 주장하는 남부 사이에 일어난 내전이에요.
　1860년에 링컨이 대통령에 당선되자 남부의 여러 주가 연방을 탈퇴하고 이것을 계기로 전쟁이 벌어졌는데 남부가 1865년에 항복함으로써 합중국의 통일이 유지되고 노예 제도는 폐지되었어요.

▲남북 전쟁

6 미국 역사상 가장 위대한 운동선수
마이클 조던

시기	1963년~현재
나라	미국
직업	농구 선수

····· 체육 ·····

날 수 없을까?

가장 뛰어난 농구 선수로 손꼽히는 마이클 조던은 고등학교 농구팀 선발 대회에서는 작은 키 때문에 탈락했어요. 어떻게 해야 키가 큰 선수들보다 더 잘할 수 있을까 고민하던 그는 하늘을 나는 새를 보며 공중에 더 오래 머물 수 있으면 될 거란 생각을 했어요.

그 뒤로 매일 지독한 훈련을 통해 그 누구도 따라 할 수 없는 전설적인 덩크 슛을 남기게 되었어요. 지독한 승부욕을 지닌 그는 실패를 두려워하지 않았어요. 9000개 이상의 슛에 실패했고 300번의 게임에서 패배했지만, 그것이야말로 자신이 성공할 수 있었던 이유라고 밝혔지요.

조던은 최약체 팀이었던 시카고 불스 팀에 들어가면서 '이 팀에 들어간 이상 반드시 결승전인 플레이오프까지 가게 하겠다!'고 선언했어요. 그리고 그 약속은 정말로 지켜졌어요. 조던이 활약했던 내

내 불스 팀은 플레이오프에 진출했기 때문이지요. 그는 미국 프로 농구인 NBA의 세계화에 큰 역할을 하였어요. 조던으로 인해 NBA는 국제적인 겨울 스포츠이자 올림픽의 대표 게임으로 자리 잡을 수 있었답니다.

더 알아보기

조던과 나이키

　운동화와 운동복 등을 디자인하고 판매하는 회사인 나이키는 1964년 탄생했어요. 70년대 후반까지 가장 인기 있던 나이키는 경쟁사인 리복에 정상의 자리를 빼앗겼지요. 리복과 엎치락뒤치락하던 중, 나이키는 당시 가장 인기 있는 농구 선수인 마이클 조던을 위하여 '에어 조던(Air Jordan)'이라는 운동화를 디자인하였어요.
　조던에 의한 나이키의 광고효과가 엄청난 성공을 거둠으로써 1980년대 말에는 신발업계에서 누구도 따라올 수 없는 정상을 차지하였답니다.

▲나이키 로고

📢 마이클 조던이 야구 선수를 했었다?

시카고 불스가 세 번째 NBA 우승을 달성한 직후, 조던의 아버지 제임스 조던이 강도에게 피살되고 며칠 후에 버려진 시신으로 발견되었어요. 조던에게 가장 강력한 후원자였던 아버지의 끔찍한 죽음은 조던을 혼란에 빠뜨렸고 결국 그는 정상의 자리에서 은퇴했어요.

이듬해 봄, 조던은 농구가 아닌 야구 선수가 되어 운동장에 나타났어요. 아버지의 꿈이었던 야구 선수가 되어 메이저 리그에서 뛰는 것으로 아버지에 대한 은혜를 갚으려 한 것이지요. 하지만 농구만큼 뛰어난 야구 선수가 되지는 못했어요. 결국 조던은 다시 농구 선수로 돌아와 3연속 NBA 우승이라는 기록을 세웠답니다.

▲시카고 불스 로고

7 미국 프로 야구의 홈런 시대를 연
베이브 루스

시기	1895년~1948년
나라	미국
직업	야구 선수

체육

야구 해 보거라.

베이브 루스의 부모님은 장사하느라 몹시 바빠 아이들을 돌볼 여유가 없었어요. 또래보다 덩치가 큰 루스는 골목대장 노릇을 하며 매일 말썽만 부렸어요. 부모님은 고심 끝에 그를 세인트 메리 학교에 보냈고 거기서 루스는 인자한 마티어스 신부님을 만났어요.

체격이 좋은 그를 본 신부님은 야구를 시켰고 루스는 매일 야구 연습을 하며 점차 온순하고 성실한 성품으로 변해갔지요.

19살이 된 그는 신부님의 소개로 볼티모어 구단에 들어갔어요. 루스의 원래 이름은 조지 허먼 루스였지만 커다란 체격에 비해 아기 같은 얼굴을 하고 있었기에 구단에서는 베이브(아기)라고 부르기 시작했어요.

볼티모어 팀은 루스의 활약으로 승리를 했지만 재정적으로 어려워져 루스는 보스턴 팀으로 보내지고 말았어요. 게다가 보스턴 팀에서는 애송이처럼 보이는 촌뜨기 루스를 무시하며 출전기회조차 주지 않아서 결국 루스는 메이저 리그에서 마이너 리그로 내려가게 되었어요. 하지만 그는 실망하거나 좌절하기보다 마이너 리그에서 최선을 다해 경기에 임했어요. 보스턴 팀은 그런 루스를 다시 자신

의 팀으로 불러들였고 그는 팀을 월드시리즈에서 우승하게 만들었어요.

투수로 활약하던 루스는 타자로 위치를 바꾼 뒤 홈런왕이 되어 프로 야구의 홈런 시대를 만들었지요.

> 더 알아보기

📢 어린이들의 희망 베이브 루스

　1926년 자니라는 어린이는 큰 수술을 받고 병원에 입원해 있었어요. 회복이 어려울 정도로 안 좋은 상황이었지요. 희망을 잃은 자니는 자신의 영웅인 베이브 루스를 만날 수 있다면 병상에서 일어날 수 있을 거라 믿었어요.

　이 말을 전해 들은 베이브 루스는 병원으로 자니를 찾아가 야구공에 자신의 이름을 써주었어요. 오늘 너를 생각하며 꼭 홈런을 치겠다고 약속을 했지요. 그날 오후 베이브 루스는 정말로 홈런을 세 개나 쳐서 약속을 지켰어요. 그리고 자니는 기적적으로 병을 회복했답니다.

▲뉴욕 양키스 No.3 (영구 결번)

밤비노의 저주

밤비노는 이탈리아어로 갓난아기란 뜻이에요. 영어 베이브와 같은 의미라서 베이브 루스를 뜻하는 별명이지요.

메이저 리그 명문 구단이었던 보스턴 레드삭스는 루스의 자질을 과소평가하여 헐값에 뉴욕 양키스팀에 팔았어요. 이후 뉴욕 양키스는 루스의 폭발적인 홈런에 힘입어 메이저 리그의 최고 명문 구단으로 성장했고 2002년까지 총 26회에 달하는 월드시리즈 우승을 차지하였답니다. 반면 보스턴 레드삭스는 2002년까지 단 한 번도 월드시리즈에서 우승하지 못했어요. 이를 두고 밤비노의 저주라 불렀지요.

▲보스턴 레드삭스는 2004년 월드 시리즈에서 86년만에 우승을 거두면서 비로소 오랜 저주의 속설에서 벗어나게 되었어요.

8 맨발의 왕자
아베베 비킬라

시기	1932년~1973년
나라	에티오피아
직업	마라톤 선수

체육

1960년 로마 올림픽에 출전하기로 한 선수가 부상을 당해 아베베 비킬라는 대체 선수가 되어 마라톤에 출전하게 되었어요. 갑작스레 대표 선수가 된 비킬라는 운동화가 없어 맨발로 달렸는데도 세계 신기록을 세웠지요. 아프리카 출신 흑인 최초로 금메달리스트가 된 것이에요.

4년 뒤, 그는 도쿄 올림픽에서도 또 한 번 세계 신기록을 세우며 금메달을 목에 걸었어요. 올림픽 출전 한 달 전 맹장 수술까지 받은 탓에 아무도 그가 금메달을 딸 것이란 예상을 하지 못했는데도 말이지요.

안타깝게도 비킬라는 교통사고를 당하면서 심각한 부상을 입고 하반신 마비가 되었어요. 혼자서는 걸을 수조차 없게 된 것이죠. 그러나 비킬라는 아직 두 팔을 사용할 수 있다는 희망으로 재활을 시작했고 피나는 훈련 끝에 양궁 선수가 되어 장애인 대회에서 또 다시 금메달을 움켜쥐었어요.

또한 노르웨이에서 열린 25㎞ 휠체어 눈썰매 크로스컨트리 대회에서도 금메달을 받았답니다. 장애를 이겨내고 자신의 한계와 맞선 그는 수많은 사람들에게 용기를 주었어요.

> 더 알아보기

📢 조국을 침공했던 이탈리아에서 거둔 승리

　1935년, 이탈리아는 에티오피아를 침공해 6년간 무단 점령했어요. '노예 해방'을 명분으로 내세웠지만 이탈리아는 에티오피아를 노예처럼 대했어요. 이에 에티오피아인들은 강하게 맞섰답니다. 아베베의 아버지 역시 이때 총을 들고 싸웠지요. 그래서 아베베가 1960년 로마 하계 올림픽 이탈리아에서 거둔 우승은 더욱더 값진 의미를 더했어요.

　아베베는 국민적 영웅이 되었고 에티오피아 황제는 아베베의 귀국을 직접 마중 나와서 왕관을 벗어 그의 머리에 씌워주었어요.

▲에티오피아

수도	아디스아바바	언어	암하라어(공용), 영어
인구	1억 81만 명	통화	비르
면적	1,104,300㎢ (한반도의 5배)		

한국을 두 번이나 방문했던 아베베 비킬라

1966년 10월 대한민국에서는 9.28 서울 수복 기념 국제 마라톤 대회가 열렸어요. 이때 아베베가 출전했는데 그 당시 몸이 좋지 않은 상황에도 불구하고 2시간 17분 4초의 기록으로 우승을 차지했어요.

이 대회에 참가한 이유에 대해 아베베는 6.25 전쟁에 참전했을 때 대한민국 국민에 대해 좋은 기억을 갖고 있다며 초청에 응하였지요. 이 대회는 아베베가 42.195km를 완주한 마지막 대회로 남게 되었어요.

▲아베베 비킬라

예술

9 할리우드 블록버스터를 만든
스티븐 스필버그

시기	1946년~현재
나라	미국
직업	영화감독, 제작자

레디~ 액션!

스티븐 스필버그는 엉뚱하고 장난기가 심한 소년이었어요. 학교에서는 이런 스필버그를 가르치기 힘들다며 어머니에게 연락을 했지요. 하지만 어머니는 스필버그의 창의력과 엉뚱함을 인정해주려 애썼어요. 이런 어머니의 영향으로 그는 무한한 상상력을 키울 수 있었지요.

　스티븐 스필버그는 열세 살 때 스스로 영화를 만들 정도로 영화를 좋아했어요. 가족들이 나온 첫 영화에 이어 열일곱 살에는 자신이 만든 영화가 동네 극장에서 상영할 수준이 될 정도였지요. 그는 TV에서 자신의 첫 영화를 선보였고 이를 본 영화 제작자들은 이것을 극장 영화로 바꾸어 해외 극장에서 개봉하게 했어요.

스필버그의 영화는 연이은 성공을 거두었고 특히 영화 〈조스〉가 전 세계적으로 흥행에 성공하며 할리우드에서 블록버스터 영화 시장을 개척했어요.

그는 역사상 가장 매출액을 많이 올린 스무 편의 영화 중 여덟 편을 감독 또는 제작자로 할리우드에서 가장 영향력이 높은 인물이 되었어요. 모든 영화 장르를 아우르는 세계 최고의 흥행 감독이 된 것이지요. 그러면서도 자신만의 특별한 시각을 통해 정치적 사회적으로

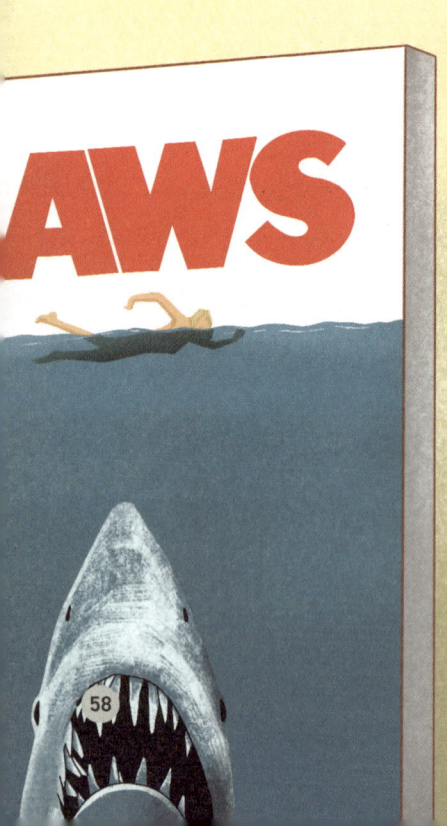

민감한 소재의 작품들을 따뜻하고 인간적으로 녹여냈어요. 스필버그는 할리우드의 모든 배우들이 함께 작업하기를 원하는 최고의 감독이랍니다.

> 더 알아보기

 세계 3대 영화제

① 이탈리아 '베니스 영화제'

1932년 이탈리아 비엔날레의 한 부분으로 시작하여 베니스 영화제로 분리되었어요. 가장 오래된 역사를 자랑하는 영화제로 매년 8~9월에 열리며 예술성을 높이 평가한답니다. 최고상의 이름은 '황금 사자'상으로 황금 사자는 베니스의 수호성인 '성 마르코'를 상징해요.

② 프랑스 '칸 영화제'

파시스트 정권의 이탈리아 베네치아 영화제를 견제하기 위해 미국과 영국의 도움을 받아 프랑스 칸에서 설립된 영화제예요. 매년 5월에 열리며 영화감독의 재능과 창의적인 시도를 중점적으로 평가한답니다.

최고상의 이름은 '황금 종려'상으로 종려는 칸의 야자수를 뜻해요.

③ 독일 '베를린 영화제'

독일이 분단국가였을 때 서독에서 설립한 영화제로 당시 서독의 경제적·문화적 부흥을 보여주는 전시장 역할을 했어요. 세계에서 가장 많은 관객이 찾는 영화제로 유명하며 비평가 중심의 예술성이 높은 작품을 주로 뽑는답니다.

최우수 작품상은 '황금 곰상'으로 곰은 베를린을 상징하지요.

📢 블록버스터 영화

　상업적으로 큰 성공을 거두기 위하여 막대한 돈을 투자하여 만든 영화를 블록버스터 영화라고 불러요. 블록버스터란 원래 제2차 세계대전 중에 쓰인 폭탄의 이름이에요. 한 구역을 송두리째 날려버릴 위력을 지녔다고 해서 블록버스터(blockbuster)라고 했답니다.

　블록버스터 영화들은 특수효과가 뛰어난 액션 영화, 슈퍼 히어로나 판타지 등의 SF 영화로 장르가 한정되는 특징이 있어요. 주로 여름 방학 등의 흥행 시즌에 개봉하며, 성공작일 경우 속편이 뒤따르는 공통점이 있어요.

블록버스터 영화들
　스타워즈 시리즈
　미션 임파서블 시리즈
　쥬라기 공원 시리즈
　해리포터 시리즈
　아바타 시리즈
　타이타닉 등등

10 현대 무용의 선구자
이사도라 덩컨

시기	1877년~1927년
나라	미국
직업	현대 무용가

예술

　이사도라 덩컨은 태어날 때부터 지독한 가난과 싸워야 했어요. 하지만 덩컨의 어머니는 예술을 사랑하고 아이들을 존중하며 자유롭게 키우는 훌륭한 분이었어요. 덩컨이 음악을 몸으로 표현하는 재주를 타고났다는 사실을 알고 그 재능을 키워주려고 했지요.

어려운 가정 형편 때문에 정식으로 춤을 못 배웠지만 덩컨은 자연 속에서 몸을 자유롭게 움직이며 감정을 표현하는 방법을 터득했어요.

덩컨은 여섯 살 때부터 더 어린 꼬마들을 모아놓고 춤을 가르쳤어요. 무용 수업은 십 년이 넘게 이어졌고 이 경험은 훗날 유럽에서 무용 학교를 만들 때에 큰 도움이 되었어요.

감정을 살려서

가난을 벗어나기 위해 덩컨은 학교를 그만두고 전문 무용수가 되기로 결심했어요. 형식을 중시한 기존 발레와는 달리 자유롭고 새로운 덩컨의 춤은 사람들의 관심을 끌기 충분했어요. 맨발에 얇은 옷을 펄럭이며 춤을 추는 덩컨의 모습은 충격적이었지만 사람들은 고대 그리스의 우아한 예술을 재현해 내었다며 환호했어요.

덩컨 자신의 고향 미국은 물론 발레의 중심지인 러시아와 유럽

오~ 뷰티풀!

각국의 무용수들에게 신선한 자극을 주었어요. 전통 발레의 엄격한 형식과 화려한 기술을 거부하고 자유롭고 개성적인 표현력을 강조한 현대 무용의 개척자로 인정받고 있답니다.

더 알아보기

📢 발레와 현대 무용의 차이점

① **발레**

15세기 이탈리아에서 시작된 발레는 기존의 전통 춤에서 발전된 것이에요. 귀족 사회에서 추던 춤으로 초기에는 남자들만이 할 수 있었답니다. 16세기경 프랑스로 시집간 카트린 왕비에 의해 프랑스에 전해 내려와 발레의 발전이 시작되었어요.

발레는 정해져 있는 틀 안에서 신체를 움직이는 예술로 육체의 선과 아름다움을 강조해요.

▲발레 무용수들을 묘사한, 에드가 드가의 작품

② 현대 무용

이사도라 덩컨에 의해 시작된 현대 무용은 전통적인 발레에 대한 문제 제기로 시작되었어요. 정해진 형식이나 기교를 떠나 자유와 새로움을 추구하여 자유롭고 개성적인 표현력을 강조하지요. 그래서 시대마다 양식이 달라 어제의 현대 무용은 오늘의 현대 무용이 될 수 없다고 볼 수 있어요.

▲현대 무용

예술

11 진정한 '나'를 찾아 방황했던
헤르만 헤세

시기	1877년~1962년
나라	스위스 (독일계 스위스인)
직업	문학가, 화가

    독일의 신학자 가문에서 태어난 헤르만 헤세는 부모님의 뜻에 따라 신학교에 입학하였어요. 하지만 가슴 속 깊이 품고 있던 작가라는 꿈을 포기하지 못한 그는 7개월 만에 학교를 그만두고 말았지요. 이후 시계 톱니바퀴를 닦는 일을 하며 자연 속에서 고민과 방황의 시간을 보냈답

니다. 그러다 서점에서 일하며 자신이 꿈꾸던 시를 쓰면서 마음의 안정을 찾았어요.

첫 시집이 좋은 반응을 얻자 그는 작가라는 꿈이 이루어졌다는 생각에 몹시 기뻤어요. 이후로도 그가 낸 작품들은 연달아 성공을 거두었고 헤세는 작가로서 인정을 받게 되었지요.

헤세는 자신의 조국인 독일이 전쟁을 일으키자 전쟁을 반대하며 강하게 비판하였어요. 조국과 국민들은 헤세를 비난했고 그의 모든 작품에 판매 금지 처분을 내렸어요. 게다가 가족들의 죽음과 병까지 더해져 헤세는 감당하기 힘든 시기를 보내야 했어요.

심한 우울증을 겪으며 평생 신경증과 싸우면서도 헤세는 예술에 대한 열정을 포기하지 않았어요. 노벨 문학상을 포함하여 많은 상을 받았던 헤세는 평생 진정한 자아를 찾기 위해 끊임없는 노력을 했답니다.

더 알아보기

헤세의 운명을 바꾼 칼 구스타프 융

칼 구스타프 융은 스위스의 정신과 의사로 분석 심리학의 기초를 세웠어요. 사람의 성격을 '내향형'과 '외향형'으로 나누었으며 이것은 요즘 인기 있는 MBTI의 기본이 된답니다.

정신 질환으로 고통받던 헤르만 헤세는 융을 만나 정신과 치료와 더불어 그의 심리학에도 깊이 빠지게 되었어요. 융은 헤세에게 새로운 창작을 위한 영감을 주었지요.

◀1919년 헤르만 헤세의 대표작 데미안 초판 표지

헤세의 대표작 '데미안'은 헤세의 문학 작품임과 동시에 융의 심리학을 이야기로 풀어낸 책이라고도 할 수 있답니다.
1919년 독일의 소설가이자 시인인 헤르만 헤세가 발표한 소설로 제1차 세계대전 중 나온 작품이라고 해요.
청년을 주인공으로 하여 주로 젊은이들에게 공감을 얻었고 '청년 운동의 성경'이라고 불리기도 하였어요.

장편 소설

유리알 유희(독일어: Das Glasperlenspiel)는 헤르만 헤세의 최대 걸작으로 평가받는 작품으로 1931년부터 쓰기 시작하여 10년에 걸쳐 집필하였고 그는 이 작품으로 제2차 세계 대전 종전 후 1946년 노벨 문화상을 받았어요.

12 미국의 팝 아트를 대표하는
앤디 워홀

시기	1928년~1987년
나라	미국
직업	화가, 영화 제작자

······ 예술 ······

가난한 이민자 부모님에게서 태어난 앤디 워홀은 몸이 약해서 툭하면 병원 신세를 져야 했고 병 때문에 학교에도 제대로 출석하기 어려웠어요. 그러다보니 친구가 없어 늘 외로운 신세였던 그는 혼자 그림을 그리며 마음껏 상상의 나래를 펼쳤어요. 다행히 이런 워홀의 재능을 일찍 알아본 어머니는 아들을 열렬히 지원해 주었고 그는 그림을 통해 창의력을 키울 수 있었어요.

대학에서 미술을 전공한 워홀은 잡지 삽화와 광고 등의 상업 미술가로서 성공을 거두었지요.

어머나! 그림을 잘 그리네.

그 당시 뉴욕 미술계는 고상한 순수 예술만을 높이 평가했지만, 워홀은 순수 예술의 높은 벽을 무너뜨리고 싶었어요. 그는 만화, 언론 보도 사진, 영화배우 초상 등을 작품의 소재로 삼아 실크 스크린이라는 인쇄 방법을 사용해 한 번에 많은 작품을 찍어낼 수 있게 만들었어요.

일상생활 속에서 소재를 얻어 전통적인 예술 개념을 깬 미술을 팝 아트라고 해요. 워홀은 1960년대에 미국에서 일어난 팝 아트 미술을 이끌

었고, 이것은 현대 미술의 새로운 문을 열었어요. 그전까지는 대부분의 예술가가 가난하고 힘든 삶을 살아야했지만 워홀은 예술적, 대중적, 상업적으로 성공한 대표적인 예술가가 되었답니다.

더 알아보기

📢 앤디 워홀의 대표 작품

앤디 워홀의 작품 세계는 대부분 '미국의 물질문화'와 연관되어 있습니다. 그는 돈, 달러 기호, 식품, 잡화, 구두, 유명인, 신문 스크랩 등을 그렸습니다.

상품
캠벨 수프 캔, 샤넬 N°5와 코카콜라, 앱솔루트 보드카의 병, 브릴로 패드 상자 등 유명 상품

▲캠벨수프

유명인
엘비스 프레슬리, 엘리자베스 테일러, 잉그리드 버그먼, 크리스토퍼 리브, 하노버 왕자비 카롤린, 지미 카터, 존 F. 케네디, 재클린 케네디, 트루먼 커포티, 마이클 잭슨, 마릴린 먼로, 말런 브랜도 등.

캐릭터
미키 마우스, 미니 마우스

▲1962년 마릴린 먼로 두 폭

13 최초의 도덕 선생님인
소크라테스

시기	B.C. 470년~B.C. 399년
나라	고대 그리스
직업	철학자

그리스의 가장 번화한 도시 국가 아테네에서 태어난 소크라테스는 못생긴 얼굴과 건장한 체격을 가졌어요. 하지만 밝고 낙천적인 성격의 소유자였기에 오히려 못생긴 자신의 얼굴을 농담으로 삼으며 주변을 웃겨주었어요.

당시 최고의 번영기를 누리던 아테네 시민들은 아침부터 저녁까지 토론하며 국가 정책과 재판에 직접적인 영향을 미쳤어요. 소크라테스 역시 이들과 함께 철학을 공부하며 진리가 무엇인지 고민하였지요.

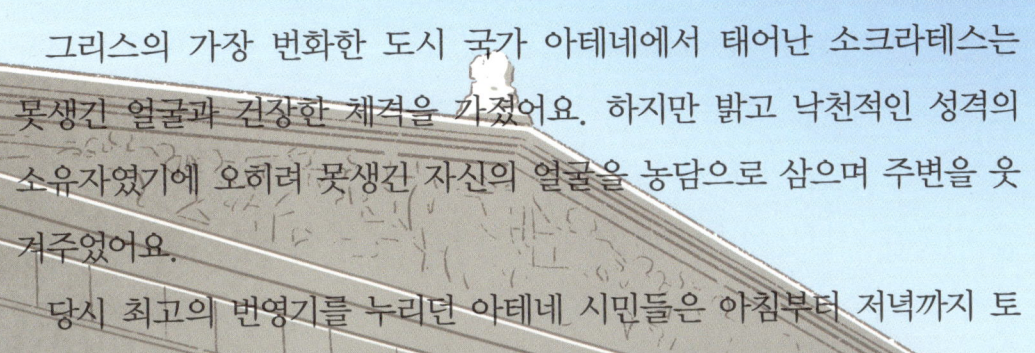

그럼 쉬운 질문으로…

현명하다고 널리 알려진 사람들을 찾아가 진리 탐구에 대해 연구하던 소크라테스는 그 누구에게서도 이 해답을 얻지 못했어요. 모두들 자신이 많은 것을 알고 있다고 떠들어댔지만, 소크라테스는 오히려 자신을 비롯한 사람들이 진리에 대해 아무것도 알지 못한다고 생각했지요. 그래서 그는 사람들이 무지에 빠져 마음대로 행동하지 않도록 끊임없이

질문했어요. 처음에는 그를 싫어하던 사람들도 점차 깨달음을 얻고 소크라테스의 제자가 되었어요.

겸손한 사람만이 진리를 탐구할 수 있다는 사실을 알게 하고, 행동하는 지식의 중요성을 일깨운 소크라테스는 인류의 첫 도덕 선생님이라 할 수 있답니다.

📢 악처의 대명사 크산티페

 소크라테스의 부인 크산티페는 세상에서 제일가는 악처로 소문이 나 있었어요. 크산티페는 정말 그렇게 나쁜 부인이었을까요? 소크라테스는 못생긴 노총각이었고 나이가 많이 적은 크산티페와 결혼했어요.

 당시 아테네에서는 연애결혼이 없었고 여자는 결혼하는 데 있어서 결정권이 없었어요. 게다가 소크라테스는 당시 가장 유명한 철학자였지만 돈을 하나도 벌지 못했어요. 아들 셋을 키워야 하는 크산티페로서는 돈 한 푼 벌어오지 못하는 남편이 늘 옳은 소리만 해대는 게 얼마나 얄미웠을까요?

 어느 날 크산티페는 집으로 돌아온 소크라테스에게 여느 때와 마찬가지로 욕을 한 바가지 퍼부었고 그것만으로도 모자라 소크라테스의 머리 위에 물 한 바가지를 부었어요. 그러자 소크라테스는 태연하게 말했지요. "천둥이 친 다음에는 큰비가 쏟아지는 게 당연하지"

▲소크라테스의 얼굴

📢 소크라테스식 대화법

비판적인 질문을 하며 적극적으로 이야기를 들어주어 생각을 자극하는 대화법을 소크라테스식 대화법이라고 해요. 다른 말로는 산파술이라고 하는데 아이를 직접 낳을 수 없는 산파(질문자)가 아이를 낳아 기를 임신부(상대)를 지지하고 공감하며 출산을 잘 할 수 있도록 도와주는 것과 같은 의미이기 때문이에요. 즉, 질문자가 정답을 가지고 상대를 다그치며 답을 강요하기보다는 상대가 잘못 알고 있다는 것을 스스로 깨달을 수 있도록 하는 대화법이랍니다.

▲소크라테스의 죽음, 자크루이 다비드, 1787년

14 철저한 자기 관리의 신
임마누엘 칸트

시기	1724년~1804년
나라	독일
직업	철학자

도덕

와~ 정확해!

중세에는 나라마다 대표적인 철학가가 존재했지만 이상하게 독일만큼은 딱히 없었어요. 그런 독일에서 근대 철학의 혁명이 일어났는데 그 대표 주자가 바로 임마누엘 칸트랍니다.

칸트는 평생 고향 쾨니히스베르크에서 150킬로미터 이상 바깥으로 벗어난 적이 없었어요. 게다가 얼마나 규칙적인 생활을 했던지 마을 사람들이 칸트가 산책하러 나온 것을 보고 시계의 시간을 정확히 알 수 있었을 정도였으니까요. 칸트는 평생 철학만을 연구하였어요.

칸트는 '이성'을 태어날 때부터 가진 능력이라고 믿었어요. '이성'이란 생각하는 힘으로 동물과 구별되는 인간만의 특별한 능력이에요. 이치에 맞게 생각하고 판단하는 능력을 말하지요.

이성을 중요하게 생각한 칸트는 〈순수 이성 비판〉이라는 책을 통해 '알기 위해서 열심히 따져 보라!'라고 외쳤어요. 이 책은 서양 철학사의 가장 높은 수준으로 손꼽힌답니다. 이후 칸트는 〈실천 이성 비판〉과 〈판단력 비판〉를 써서 3대 비판서를 완성했어요. 칸트는 인류가 스스로 이성을 사용할 수 있게 하려고 평생 힘썼고 그로 인해 인간과 세계를 연구하는 철학이 한층 더 깊이 발전할 수 있었답니다.

> 더 알아보기

🔊 칸트의 순수 이성 비판

칸트는 인간의 지식이 경험과 판단으로 만들어진다고 보았어요. 그래서 외부적 요소인 경험을 없애고 순수하게 인간의 이성만을 판단하고 분석하려고 했어요. 이것이 순수 이성 비판이에요.

예를 들어서 우리는 여러 가지 종류의 새를 직접 보고 만지지만 이것만으로는 새가 어떤 것인지 확실하게 알 수 없어요. 새의 모양이나 색깔, 소리 등을 머릿속에서 생각으로 정리를 하고 나서야 비로소 새란 무엇인지 확실히 깨닫게 되는 것이지요. 직접 겪으면서 느끼는 경험은 재료이고 생각은 그 재료인 경험을 정리해서 깨달음을 만드는 것이랍니다.

◀《순수이성비판》의 1781년 초판본

📢 칸트가 남긴 명언들

* 배움에서 가장 어려운 것은 배워야 하는 이유를 배우는 것이다.
* 시간을 낭비하며 노는 것을 절제하라, 그러면 오히려 인생이 풍부해질 것이다.
* 도덕에서 요구하는 것은 자기 스스로를 지배하는 것이다.
* 진정한 자유는 스스로 이끌어가는 능동적인 사람에게만 온다.
* 한 가지 뜻을 세우고 가라. 잘못과 실패가 있더라도 그것만이 빛을 보는 길이다.
* 선행이란 남에게 베푸는 것이 아니라 자신의 의무를 다하는 것이다.

칸트의 3가지 사상

1. 나는 무엇을 알 수 있는가?
2. 나는 무엇을 해야 하는가?
3. 나는 무엇을 희망해도 좋은가?

도덕

15 전설의 혁명가
체 게바라

시기	1928년~1967년
나라	쿠바
직업	정치인

아르헨티나의 중산층 가정에서 태어난 체 게바라는 비록 몸은 약했지만 성격이 좋고 공부도 잘해 의과 대학에 들어갔어요.

그는 친구와 함께 오토바이로 여행을 떠나 라틴 아메리카 여러 곳을 돌면서 자신이 미처 몰랐던 가난과 불행을 접하고 큰 충격에 빠졌어요. 세상을 평등하고 행복하게 만들고 싶었던 게바라는 쿠바 혁명 지도자인 피델 카스트로를 만나 쿠바 혁명을 성공시켰어요. 그는 '쿠바의 두뇌'로 불리며 큰 활약을 펼쳤고 그간의 활동을 인정받아 쿠바 국민이 되었어요.

심각하군!

게바라는 쿠바에서 핵심 지도층이 되어 편하게 살 수 있었지만 안락한 삶을 포기하고 힘들게 사는 또 다른 나라들을 돕기 위해 떠나 콩고와 볼리비아에서 사회주의 혁명을 지원했지요.

그는 라틴 아메리카 전체가 고통에서 벗어나 새로운 세상에서 사는 것을 꿈꾸었어요. 안타깝게도 게바라는 볼리비아에서 정부군과의 전

투 중 잡혀 총살을 당했어요. 하지만 죽음 이후 오히려 그의 영향력은 더 커져 전 세계적으로 '체 게바라 열풍'을 일으킬 정도로 인기를 끌었지요.

프랑스의 68운동에서 그는 정신적 지주가 되었고 그의 이념은 사라졌어도 체 게바라라는 상징으로 굳게 남았답니다.

더 알아보기

쿠바 혁명

쿠바는 과거 에스파냐의 식민지로 미국과 에스파냐의 전쟁 이후 1902년 독립하였어요. 하지만 토지가 미국의 자본에 집중되어 있다 보니 실질적으로는 미국의 지배 아래 있었지요. 게다가 대지주들만이 땅을 독차지하고 있었기 때문에 일반 국민들은 비참하고 궁핍한 생활을 해야 했어요.

1953년 카스트로의 주도로 민중들은 게릴라 운동을 시작했고 1959년 독재정권을 몰아내며 민주주의 혁명을 이루게 되었답니다.

▲체 게바라

📢 피델 카스트로

 피델 카스트로는 49년간 쿠바를 통치한 혁명가예요. 바티스타의 독재정권에 대항한 그는 청년들과 함께 혁명에 뛰어들었어요. 체포된 후 풀려나서는 체 게바라와 함께 혁명을 계획하여 2년 동안 정부군과 싸웠지요. 더는 미국의 도움을 받지 못하게 된 바티스타 정부가 쿠바를 탈출하며 혁명은 성공하게 되었어요.

 정권을 잡은 카스트로는 가난한 노동자와 농민들에게 여러 가지 혜택을 주었지만, 그로 인해 타격을 받은 중산층 이상의 국민들은 쿠바를 떠나기도 했어요.

▲피델 카스트로

16 철의 여인
마거릿 대처

시기	1925년~2013년
나라	영국
직업	영국 총리, 정치인

도덕

마거릿 대처는 식료품점 딸로 태어났어요. 그녀의 아버지는 비록 가난한 집안에서 태어나 공부도 제대로 하지 못했지만 자신의 노력만으로 식료품 점원에서 주인이 되었고 시의원이 된 후 시장까지 한 대단한 사람이었어요.

그런 아버지 밑에서 자란 대처 역시 어릴 적부터 정치에 관심을 갖게 되었고 자기 생각을 말하는 당찬 소녀로 자랐지요. 아버지의 정치 운동을 도우며 자연스럽게 정치적 인간이 된 대처는 대학의 보수 협회 동아리에 가입했어요. 그 후 끊임없는 노력으로 정치 세계에 들어간 대처는 유럽 최초의 여성 총리로 3번이나 연임을 하게 된답니다.

같이 동참합시다!

대처는 보통의 정치인들과는 달리 유머 감각도 없고 화려한 말솜씨도 없었어요. 대신 꼭 필요한 말만 하고 과학도답게 연설에서 반드시 통계 수치와 지표를 내세우며 듣는 이의 신뢰감을 높였어요. 무엇보다 여성임에도 오히려 더 당차고 열정적이고 강철 같은 의지를 내보였지요.

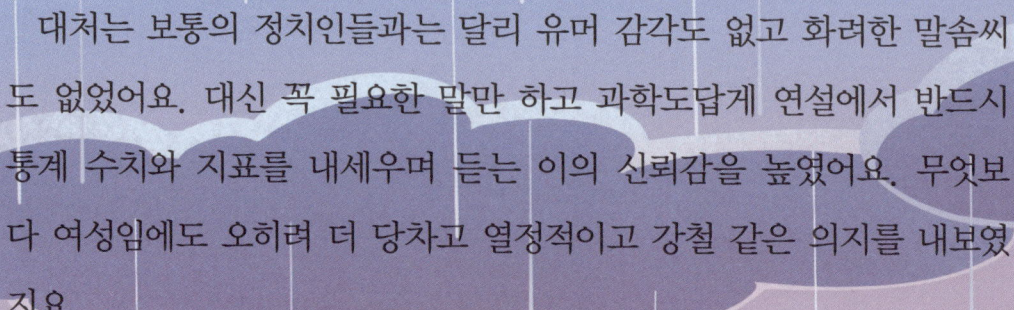

강한 의지만이 살 길입니다!

당시 영국은 매일같이 근로자들의 파업과 경영자의 무능, 정부의 무기력으로 엉망진창이었어요. 이때 대처는 과감한 정책과 개혁으로 영국병을 고치고 영국을 새롭게 바꾼 강력한 지도력을 발휘하였어요. 가라앉은 영국에 다시 활기를 불어넣고 국민적 자존심과 일체감을 찾기 위해 노력한 대처의 의지는 지금도 많은 사람들의 입에 오르내리고 있답니다.

더 알아보기

📢 1970년대 영국병

영국은 오랜 기간 대영제국(大英帝國)으로 번영했지만 이를 뒷받침했던 중산 계급은 점점 쇠퇴하기 시작했어요. 제2차 세계 대전 이후, 영국은 전 국민을 대상으로 일생을 보장해주는 과도한 복지 정책과 지속적인 임금 상승, 생산성 저하 등으로 경제에 어려움을 겪었지요.

원래 영국인은 적극적이고 과감하며 끈기가 있고 자기를 희생하며 남을 더 생각하는 것을 미덕으로 삼았어요. 그러나 점점 무기력하고 모든 것을 제멋대로 내버려두었고 사람들은 이를 영국병이라 불렀어요.

영국병

1970년대 경제 침체를 겪은 영국을 비하하는 데 쓰인 용어로, 또한 유럽의 환자로도 묘사했지요. 훗날 영국은 이러한 사회현상을 타파하기 위해 '대처리즘'이라고 불리는 개혁을 시작하게 됩니다. 영국의 복지가 1960년대와 1970년대의 영국 경제 침체기의 원인이 되었다는 의미에서 쓰는 용어라고 해요.

📢 대처리즘(대처주의)

　마거릿 대처는 수상이 되자마자 경제 구조를 바꾸기 위해 정부의 규제를 줄이고 자유로운 시장 경쟁을 하도록 만들었어요. 또한 정부가 돈을 쓰는 것보다는 개인이 돈을 쓰는 것이 경제를 더 잘 돌아가게 할 거라 생각했어요.
　나라에서 자유롭게 경제 활동을 하도록 돕자 기업들은 활발하게 움직였고 이는 곧 영국 경제를 일으키는 데 큰 영향력을 미쳤답니다.

▲마거릿 대처

경제

17 페이스북으로 세계를 연결한
마크 저커버그

시기	1984년~현재
나라	미국
직업	IT 기업가, 페이스북 창업주

미국에서 태어난 유대인 마크 저커버그는 의사인 부모님 아래에서 부족함 없이 자랐어요. 컴퓨터를 좋아하던 마크는 중학생 무렵부터 프로그래밍을 시작했고 고등학생 때에는 집 컴퓨터와 아버지의 병원 컴퓨터를 연결하는 프로그램을 만들었어요. 또 음악 프로그램을 직접 만들 정도로 컴퓨터에 능숙했어요.

하버드 대학교 컴퓨터 과학과에 입학한 그는 학교 수업의 모둠 활동원을 정하는 '코스매치'라는 프로그램을 만들었어요. 또한 '페이스매치'라는 것도 만들었는데 이것은 학교에서 외모가 가장 뛰어난 사람을 선택하는 컴퓨터 프로그램이었어요.

저커버그는 이러한 프로그래밍을 통해 마침내 '페이스북'이라는 소셜 네트워크 서비스를 만들었으며 세계에서 가장 큰 SNS로 전 세계인들을 열광시켰답니다.

　그는 23살의 나이로 최연소 억만장자가 되었고 전 세계에서 가장 영향력 있는 기업인이 되었어요. 저커버그는 위험을 피해가려고 하거나 실패하는 것을 두려워한다면 아무것도 하지 못한다고 했지요. 빨리 움직이고 가능한 한 많은 것을 시도하는 것이 진정한 혁신이라고 강조한 그는 현대 정보화 시대에서 제일 영향력 있는 사람으로 손꼽히고 있어요.

> 더 알아보기

 페이스북

　페이스북은 미국에서 가장 성공한 소셜 네트워크 서비스 (Social Network Service, SNS)예요. 2004년 하버드 대학생이었던 마크 저커버그가 학교 기숙사에서 만든 사이트로 처음에는 하버드생만 이용할 수 있었으나 2년 뒤에는 누구나 가입할 수 있게 되었어요.

　'세계 모든 사람들을 연결한다.'라는 목표를 지닌 페이스북은 '친구 맺기'를 통해 많은 이들과 웹상에서 만나 각종 관심사와 정보를 교환하고 다양한 자료를 공유할 수 있답니다. 2021년에는 페이스북에서 '메타(Meta)'로 이름을 바꾼 뒤, 3차원 가상 세계인 메타버스 플랫폼 서비스에 주력하고 있어요.

설립 2004년 2월 4일
분야 IT
사이트 주소 http//www.facebook.com
본사 주소 캘리포니아주 멘로 파크
　　　　　(Menlo Park, California)

📢 SNS의 부작용

또 하나의 작은 사회인 SNS는 많은 장점을 지니고 있지만 그만큼 단점도 많아요. SNS속에서 거짓말을 하며 그것을 진짜로 믿게 되기도 하고, SNS를 하루라도 하지 않으면 나만 뒤처지는 기분에 빠져 조급한 마음이 들기도 해요.

SNS 속에서는 오히려 외로움에 빠지기도 하지요. 또한 과다한 정보를 공유하면서 극도의 피로함을 느끼게 되기도 한답니다. 그래서 SNS를 할 때는 기준을 정하고 중독이 되지 않도록 주의하는 것이 좋아요.

SNS 종류

▲트위터　　▲인스타그램　　▲유튜브

18 현대 저널리즘의 개척자
조지프 퓰리처

시기	1847년~1911년
나라	미국
직업	신문인

경제

언론계의 노벨상이라 불리는 퓰리처상은 미국을 넘어 세계에서 가장 권위 있는 보도·문학·음악상으로 인정받고 있어요. 퓰리처상은 미국의 언론인 퓰리처의 유언으로 만들어진 상이에요.

헝가리 태생의 퓰리처는 부잣집에 태어나 높은 수준의 교육을 받았어요. 하지만 17살 때 아버지가 파산하며 미국으로 떠나야 했지요.

먹고살기 위해 닥치는 대로 일을 했던 그는 사기를 당하게 되었어요. 억울한 마음에 퓰리처는 신문에 이 일을 투고했고 뛰어난 글솜씨에 반한 출판사에서는 그를 기자로 뽑았어요. 아무것도 가진 것 없던 가난한 이민자인 퓰리처는 그렇게 언론인이 되었답니다.

영어가 미숙했던 퓰리처는 악착같이 공부하며 사회에 관심을 기울였어요. 자신이 가장 잘할 수 있는 일을 찾은 그는 연이은 특종을 터뜨리며 기자로서 인정받게 되었고 정치에도 발을 들인 그는 신문사를 사들이며 기업가로도 활약했어요. 그는 신문 부수를 늘리기 위해 흥미 위주의 기사와 만화, 삽화 등을 시도했어요. 그전까지 신문은 딱딱하고 재미없는 정보 위주였거든요. 언론의 독립성을 중시했던 퓰리처는 현대 저널리즘의 새로운 장을 열었어요.

> **더 알아보기**

📢 황색 언론

독자의 시선을 끌기 위해 선정적인 내용으로 호소하는 신문의 경향을 황색 언론(yellow journalism)이라고 해요.

▲유명한 퓰리처상 사진
1950년 맥스 데스퍼 촬영 - 6.25 한국 전쟁 당시. 무너지는 대동강 철교

퓰리처에 의해 시작된 것으로 '재미없는 신문은 죄악'이라는 신념을 가지고 있던 그는 만평과 사진을 화려하게 쓰고, 체육부를 신설해 스포츠 기사를 비중 있게 다루었어요. 또한 흥미와 오락 위주의 일요판도 처음 시작했지요. 그리고 그 과정에서 독자의 시선을 끌기 위하여 자극적인 내용의 황색 언론을 탄생시켰답니다.

▲유명한 퓰리처상 사진
1993년 케빈 카터 촬영 - 수단의 굶주린 소녀 -

19 경영의 달인
잭 웰치

시기	1935년~2020년
나라	미국
직업	기업인, 제너럴 일렉트릭 회장

····· 경제 ·····

 잭 웰치는 말을 더듬는 소년이었어요. 말을 더듬다 보니 사람들에게 놀림을 받기도 하고 의사소통에 오해가 생겨 엉뚱한 일이 벌어지

기도 했어요. 웰치는 속상한 마음에 어머니께 왜 자신이 말더듬이로 불리는지 물었어요. 어머니는 "네가 너무 똑똑해서 어느 누구의 혀도 네 머리를 따라갈 수 없기 때문이란다."라고 대답해주었어요.

　어머니의 말에 웰치는 자신감을 얻었고 그때부터는 말을 더듬는 것에 크게 신경 쓰지 않았어요. 웰치의 어머니는 그가 어려움을 겪을 때마다 실패를 딛고 일어서는 법을 일러 주었어요.

웰치는 전자 회사인 제너럴 일렉트릭(GE)에 입사해 독특하고 뛰어난 경영 방식으로 승진을 거듭했어요. 1981년에는 최연소로 최고 경영자가 된 그는 GE를 세계 최고의 기업으로 만들었지요.

20년간 GE 회장으로 있으면서 GE의 시가 총액을 34배나 성장시켰고, 엄격한 품질 관리 시스템인 '식스 시그마(Six Sigma)'를 도입하기

> 더 알아보기

잭 웰치의 3S 리더십

Speed (속도) - 서로의 신뢰로 복잡한 절차와 서류 없이 신속하게 일을 처리한다.

Simplicity (간결성) - 조직을 간결하게 하고 모든 절차나 방법을 이해하기 쉽게 단순화시킨다.

Self-confidence (자신감) - 조직의 변화에 저항감을 가져오는 불안감을 해소하고 자신감 있게 일을 추진한다.

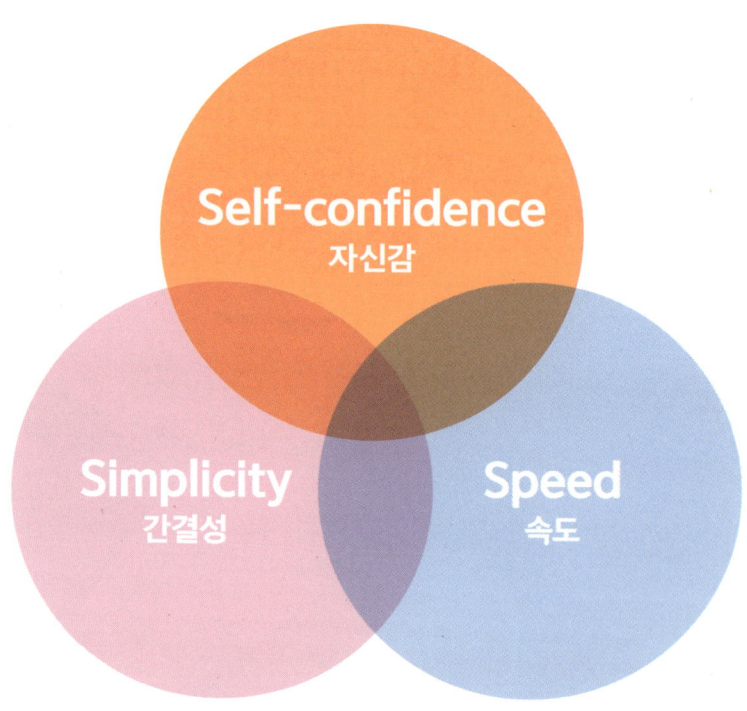

📢 잭 웰치의 구조 조정
(경영의 신 vs 중성자탄 잭)

　잭 웰치는 엄청난 강도로 구조 조정을 감행하여 무너져가던 제너럴 일렉트릭을 다시 일으켜 세웠어요. 그 과정에서 직원을 하도 많이 잘라서 건물은 두고 사람만 죽이는 무기 '중성자탄 잭'이라는 별명도 얻었지요. 취임 후 5년간 해고한 직원이 11만 명이었거든요. 하지만 그는 보상과 질책이 확실한 경영인이었어요.
　유능한 인재에게는 충분한 보상을, 성과 없는 무능한 직원에겐 호된 질책과 칼날을 들이댔지요. 그렇게 세계 최고의 기업을 만든 그에게는 '경영의 신'이라는 별명이 붙었답니다.

> **제너럴 일렉트릭(General Electric Company)**
> 토머스 에디슨이 설립한 전기 조명 회사를 모체로 1892년 톰슨-휴스턴사와 합병하여 성장한 세계 최대의 글로벌 인프라 기업이며 전력, 항공, 의료, 운송 등의 다양한 분야에서 사업을 하는 기업

20 레고 나라의 대통령
올레 키르크 크리스티안센

시기	1891년~1958년
나라	덴마크
직업	장난감 레고의 창시자, 기업인

경제

 덴마크에서 목수로 일하던 크리스티안센은 일찍 아내를 잃고 혼자 네 명의 아이들을 키웠어요. 하지만 너무 가난해서 자신의 아이들에

게 장난감을 사줄 수가 없었지요. 그것이 속상했던 크리스티안센은 나무를 깎아 목각 인형을 만들어 아이들에게 선물해 주었어요. 목각 인형은 아이들 사이에서 인기를 얻었고 더 많은 아이들에게 선물할 방법을 찾던 그는 새로운 장난감을 만들기 시작했어요.

크리스티안센이 구상한 장난감 블록은 결합과 분리가 손쉽다는 장점을 갖고 있었어요. 이것이 바로 우리가 잘 아는 레고의 시작이 되었답니다. 그는 장난감 공장을 세웠지만, 화재로 타버리고 말았어요. 하지만 그는 좌절하지 않고 마침 새롭게 등장한 플라스틱이라는 소재에 눈을 돌렸어요. 가볍고 구하기 쉬운 플라스틱으로 만든 블록은 아이들은 물론 어른들에게도 큰 사랑을 받았어요. 계속해서 스스로 새로운 모양을 만들 수 있기 때문이었지요.

　크리스티안센은 어려움 속에서도 항상 긍정적으로 생각하며 시대의 흐름을 받아들였고 그가 만든 레고는 지금까지도 전 세계 어린이들에게 가장 사랑받는 장난감이랍니다.

> 더 알아보기

📢 레고의 위기 극복

  1990년 비디오게임이 인기를 얻으며 장난감 회사들은 위기를 맞았어요. 레고 역시 이 위기를 극복하기 위해 블록 이외의 다양한 방법으로 시장을 넓혔지요. 하지만 이것은 오히려 레고를 더 위기에 빠뜨렸고 2004년에는 사상 최악의 적자를 맞았어요. 이때 최고 경영자가 된 크누스토르프는 레고의 뜻 그대로 노는 것에 집중하기로 했어요. 기본에 집중하기로 한 것이에요.

  그는 레고를 자유롭게 조립하고 놀면서 창의성을 키울 수 있다고 판단했지요. 레고 블록에 각종 이야기를 입혀 레고의 확장성에 주목했어요. 또한 문어발처럼 넓혔던 다른 사업들은 과감히 정리했지요. 다시 살아난 레고는 여전히 전 세계인들의 사랑을 받는 세계적 기업으로 빛나고 있답니다.

레고
덴마크어로 레그 고트(leg godt) 잘 논다(play well)라는 뜻이라고 해요.

📢 세계의 레고랜드

동화적이면서도 미래지향적인 테마파크인 레고랜드는 본거지인 덴마크를 포함한 세계 곳곳에서 운영되고 있어요.

덴마크를 대표하는 '빌룬트 레고랜드'는 아기자기한 볼거리를 좋아하는 마니아층에게 사랑받는 곳이에요.

▲덴마크를 대표하는 '빌룬트 레고랜드'